My Little Greek Book *of the Alphabet*

Το Αλφάβητο

(toh al-FÁ-vee-toh)

ISBN: 979-8-9994762-2-7

Written & Illustrated by: Cali Stefanos

mylittlegreekbook.com

Aa

Άλφα
(AHL-fah)

Αστέρι

(ah-STÉ-ree) • Star

B β

Βήτα
(VEE-tah)

Βάτραχος

(VÁ-tra-hos) • Frog

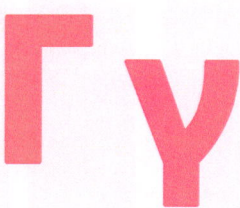

Γγ

Γάμμα
(GAH-mah)

Γάλα

(GÁ-la) • Milk

Δ δ

Δέλτα
(THEL-tah)

Δέντρο

(THÉN-dro) • Tree

E ε

Έψιλον
(EH-psee-lon)

Ελέφαντας

(e-LÉ-fan-das) • Elephant

Ζζ

Ζέβρα

(ZÉ-vra) • Zebra

Η η

Ήτα
(EE-tah)

Ήλιος

(EE-lyos) • Sun

Θ θ

Θήτα
(THEE-tah)

Θάλασσα

(THÁ-la-sa) • Sea

Ιι

Ιώτα
(YOH-tah)

Ιπποπόταμος

(ee-po-PÓ-ta-mos) • Hippopotamus

Κκ

Καπέλο

(ka-PÉ-lo) • Hat

Λ λ

Λουλούδι

(loo-LOO-thee) • Flower

M μ

Μήλο

(MEE-lo) • Apple

N ν

Νύχτα

(NEE-hta) • Night

Ξυλόφωνο

(ksee-LÓ-fo-no) • Xylophone

Οο

Όμικρον

(OH-mee-kron)

Ομπρέλα

(ohm-BRÉ-la) • Umbrella

Ππ

Παγωτό

(pa-go-TÓ) • Ice Cream

P p

Ρο
(ROH)

Ροδάκινο

(ro-THÁ-kee-no) • Peach

Σσ/ς

Σπίτι

(SPEE-tee) • House

T τ

Τρένο

(TRÉ-no) • Train

Υυ

Ύψιλον
(EE-psee-lon)

Ύπνος

(EE-pnohs) • Sleep

 **Φ φ**

Φι
(FEE)

Φρούτα

(FROO-ta) • Fruit

X x

Χιόνι

(HYÓ-nee) • Snow

Ψ ψ

Ψι
(PSEE)

Ψάρι

(PSÁ-ree) • Fish

Ω ω

Ώρα

(ÓH-rah) • Hour / Time

Αα Ββ Γγ Δδ Εε

Ζζ Ηη Θθ Ιι Κκ

Λλ Μμ Νν Ξξ Οο

Ππ Ρρ Σσ/ς Ττ Υυ

Φφ Χχ Ψψ Ωω

www.ingramcontent.com/pod-product-compliance
Lightning Source LLC
Chambersburg PA
CBRC090842120626
46551CB00008B/728